Word ∞ master

3 in 1
본책 + 미니북 + 워크북 구성의
완벽한 영단어 학습 시스템

+

한 번 더
업그레이드!

업그레이드 방법은 뒷면에 >>

워드마스터 학습앱 How To Use

Step. 1 앱 설치 및 회원가입

》 앱 바로가기

Step. 2 마이룸에서 학습앱 코드 입력

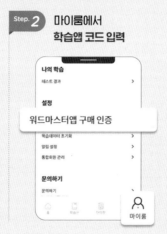

나의 학습
테스트 결과 >

설정
워드마스터앱 구매 인증
학습데이터 초기화 >
알림 설정 >
통합회원 관리 >

문의하기
문의하기 >

마이룸

Step. 3 학습관에서 데이터 다운로드

학습관
워드마스터 초등 BASIC(22개정)
다운로드
워드마스터 초등 실력(22개정)
다운로드

Step. 4 학습관에서 단어/음성 암기부터 TEST까지

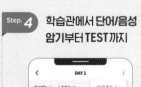

DAY 1
improve
v. 개선하다, 향상하다

헷갈리는 단어는 ➕를 눌러 단어장에 저장하세요.

학습관

Step. 5 단어장에서 헷갈리는 단어 복습

워드마스터 하이퍼 2000(21개정)
colleague
동료
specific
rationality
reinforce
강화하다, 증진시키다

단어장

Step. 6 마이룸에서 누적 테스트 결과로 학습 상태 점검

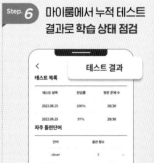

테스트 결과
테스트 목록
테스트 날짜	정답률	맞춘 문제 수
2022.08.25	100%	20/20
2022.08.25	97%	29/30

자주 틀린단어
단어	틀린 횟수
clever	7
2022.07.28	80%	4/5
2022.07.28	60%	3/5

마이룸

학습앱 코드 GI4NCM35

※ 코드는 1회 등록 가능합니다.

Word ∞ master

중등 BASIC

Workbook

Daily
Check-up

[01~20] 영어 단어를 보고 알맞은 뜻을, 뜻을 보고 알맞은 영어 단어를 쓰시오.

01 name _____

02 baby _____

03 people _____

04 boy _____

05 adult _____

06 man _____

07 teenager _____

08 come from _____

09 gentleman _____

10 someone _____

11 나이 _____

12 소녀, 여자아이 _____

13 모두, 모든 사람 _____

14 자기 자신의 _____

15 여성, 숙녀, 부인 _____

16 사람, 개인 _____

17 서로 _____

18 사랑하는, 소중한 _____

19 아이, 어린이 _____

20 (성인) 여자, 여성 _____

[21~30] 다음 어구나 문장의 빈칸에 알맞은 단어를 쓰시오.

21 become an _____ 어른이 되다

22 a little _____ 어린 소년

23 a four-year-old _____ 네 살짜리 아이

24 a strong _____ 힘이 센 남자

25 a famous _____ 유명한 사람

26 a website for _____s 십 대들을 위한 웹사이트

27 _____ likes the plan. 모두가 그 계획을 좋아한다.

28 Mary has her _____ blog. Mary는 그녀 자신의 블로그를 가지고 있다.

29 There is _____ in my room. 내 방에 누군가 있다.

30 They always help _____. 그들은 항상 서로를 돕는다.

[01~20] 영어 단어를 보고 알맞은 뜻을, 뜻을 보고 알맞은 영어 단어를 쓰시오.

01 family _____

02 pet _____

03 parent _____

04 aunt _____

05 daughter _____

06 take care of _____

07 marry _____

08 cousin _____

09 husband _____

10 be born _____

11 삼촌 _____

12 구성원, 일원 _____

13 어머니 _____

14 아내, 부인 _____

15 언니, 누나, 여동생 _____

16 아버지 _____

17 조부모 _____

18 아들 _____

19 형, 오빠, 남동생 _____

20 친척 _____

[21~30] 다음 어구나 문장의 빈칸에 알맞은 단어를 쓰시오.

21 my family _____s 나의 가족 구성원들

22 visit my _____s 나의 조부모님을 방문하다

23 my younger _____ 내 남동생

24 his only _____ 그의 외동딸

25 _____ the king 그 왕과 결혼하다

26 My _____ is a doctor. 나의 삼촌은 의사이다.

27 This is my _____. 이 아이는 내 사촌이다.

28 I _____ sick students. 나는 아픈 학생들을 돌본다.

29 My _____ lives in Canada. 나의 이모는 캐나다에 산다.

30 He _____ in 2005. 그는 2005년에 태어났다.

[01~20] 영어 단어를 보고 알맞은 뜻을, 뜻을 보고 알맞은 영어 단어를 쓰시오.

01 friend	_____	11 혼자	_____
02 club	_____	12 우정	_____
03 strange	_____	13 이웃	_____
04 classmate	_____	14 함께 쓰다; 나누다	_____
05 join	_____	15 소개하다	_____
06 make fun of	_____	16 환영하다	_____
07 harmony	_____	17 무리, 집단, 그룹	_____
08 favor	_____	18 함께, 같이	_____
09 partner	_____	19 별명	_____
10 fight	_____	20 ~와 시간을 보내다	_____

[21~30] 다음 어구나 문장의 빈칸에 알맞은 단어를 쓰시오.

21 _____ a dance club 댄스 동아리에 가입하다

22 _____ back! 돌아온 것을 환영해요!

23 work _____ 함께 일하다

24 a study _____ 스터디 그룹, 공부 모임

25 _____ with a friend 친구와 싸우다

26 a good _____ 좋은 이웃

27 _____ my friends 내 친구들을 소개하다

28 Rabbit _____ Turtle. 토끼는 거북이를 놀렸다.

29 Will you do me a _____? 부탁 하나 해도 될까?

30 I _____ my friends on weekends.
   나는 주말마다 나의 친구들과 시간을 보낸다.

[01~20] 영어 단어를 보고 알맞은 뜻을, 뜻을 보고 알맞은 영어 단어를 쓰시오.

01 body _____ 11 귀 _____

02 knee _____ 12 혀 _____

03 grow up _____ 13 눈 _____

04 tooth _____ 14 머리 _____

05 hair _____ 15 발 _____

06 mouth _____ 16 조심하다 _____

07 arm _____ 17 발가락 _____

08 skin _____ 18 다리 _____

09 nose _____ 19 손가락 _____

10 shoulder _____ 20 손 _____

[21~30] 다음 어구나 문장의 빈칸에 알맞은 단어를 쓰시오.

21 open my ＿＿＿＿＿＿＿　내 입을 벌리다

22 a wisdom ＿＿＿＿＿＿＿　사랑니

23 bend my ＿＿＿＿＿＿＿s　내 무릎을 꿇다

24 long brown ＿＿＿＿＿＿＿　긴 갈색 머리카락

25 blow my ＿＿＿＿＿＿＿　내 코를 풀다

26 broad ＿＿＿＿＿＿＿s　넓은 어깨

27 I ＿＿＿＿＿＿＿ in Seoul.　나는 서울에서 자랐다.

28 He nodded his ＿＿＿＿＿＿＿.　그는 머리를 끄덕였다.

29 ＿＿＿＿＿＿＿ for bees!　벌을 조심해!

30 They are holding ＿＿＿＿＿＿＿s.　그들은 손을 잡고 있다.

[01~20] 영어 단어를 보고 알맞은 뜻을, 뜻을 보고 알맞은 영어 단어를 쓰시오.

01 old _____

02 face _____

03 lovely _____

04 handsome _____

05 cute _____

06 fat _____

07 show up _____

08 blond _____

09 long _____

10 tall _____

11 날씬한; 얇은 _____

12 못생긴, 보기 싫은 _____

13 평범한, 정상적인 _____

14 키가 작은, 짧은 _____

15 아름다운 _____

16 어린, 젊은 _____

17 바꾸다; 변하다 _____

18 ~처럼 보이다 _____

19 곱슬곱슬한 _____

20 예쁜, 귀여운 _____

[21~30] 다음 어구나 문장의 빈칸에 알맞은 단어를 쓰시오.

21 a _____ cat 뚱뚱한 고양이

22 a _____ child 평범한 아이

23 a round _____ 동그란 얼굴

24 _____ people 젊은이들

25 _____ hair 곱슬머리

26 The puppy is so _____. 그 강아지는 매우 예쁘다.

27 _____ my hairstyle 나의 머리 모양을 바꾸다

28 It _____ a big snake. 그것은 큰 뱀처럼 보인다.

29 He _____ late. 그는 늦게 나타났다.

30 Elephants have a _____ nose. 코끼리는 긴 코를 가졌다.

[01~20] 영어 단어를 보고 알맞은 뜻을, 뜻을 보고 알맞은 영어 단어를 쓰시오.

01 kind _____

02 brave _____

03 careful _____

04 honest _____

05 stupid _____

06 active _____

07 character _____

08 friendly _____

09 lazy _____

10 on one's own _____

11 조용한 _____

12 차분한, 침착한 _____

13 지혜로운, 현명한 _____

14 웃기는, 재미있는 _____

15 예의 바른, 공손한 _____

16 영리한, 똑똑한 _____

17 수줍음을 많이 타는 _____

18 똑똑한, 영리한 _____

19 시간을 어기지 않고 _____

20 호기심이 많은 _____

[21~30] 다음 어구나 문장의 빈칸에 알맞은 단어를 쓰시오.

21 a _____ child 예의 바른 어린이

22 Stay _____. 침착해라.

23 have a good _____ 성격이 좋다

24 her _____ voice 그녀의 조용한 목소리

25 Don't be _____. 어리석게 굴지 마라.

26 an _____ person 정직한 사람

27 He is always _____. 그는 항상 시간을 어기지 않는다.

28 be _____ to me 나에게 우호적이다

29 I am _____. 나는 활동적이다.

30 I can do it _____. 나는 혼자 힘으로 그것을 할 수 있다.

[01~20] 영어 단어를 보고 알맞은 뜻을, 뜻을 보고 알맞은 영어 단어를 쓰시오.

01 job   _____

02 police officer   _____

03 farmer   _____

04 experience   _____

05 come true   _____

06 become   _____

07 pilot   _____

08 company   _____

09 director   _____

10 librarian   _____

11 미래   _____

12 기사, 기술자   _____

13 기자   _____

14 원하다   _____

15 소방관   _____

16 ~에 관심이 있다   _____

17 과학자   _____

18 노동자, 근로자   _____

19 일하다, 근무하다   _____

20 작가   _____

[21~30] 다음 어구나 문장의 빈칸에 알맞은 단어를 쓰시오.

21 in the _____ 미래에

22 get a _____ 직장을 얻다

23 learn from _____ 경험을 통해 배우다

24 a computer _____ 컴퓨터 기사

25 a movie _____ 영화감독

26 a sports _____ 스포츠 기자

27 I _____ dog training. 나는 개 훈련에 관심이 있다.

28 I _____ to be a photographer. 나는 사진작가가 되고 싶다.

29 Sadly, my dream did not _____. 슬프게도 나의 꿈은 이루어지지 않았다.

30 We can _____ world champions. 우리는 세계 챔피언이 될 수 있다.

[01~20] 영어 단어를 보고 알맞은 뜻을, 뜻을 보고 알맞은 영어 단어를 쓰시오.

01 play _____

02 close _____

03 check _____

04 move _____

05 get out of _____

06 laugh _____

07 throw _____

08 walk _____

09 cry _____

10 run _____

11 연기하다; 행동하다 _____

12 나르다 _____

13 (발로) 차다 _____

14 떨어뜨리다 _____

15 뛰다, 도약하다 _____

16 자리에 앉다 _____

17 가져오다 _____

18 노력하다; 시도하다 _____

19 소리[고함]치다 _____

20 쓰다; 사용 _____

[21~30] 다음 어구나 문장의 빈칸에 알맞은 단어를 쓰시오.

21 _____ a ball 공을 던지다

22 ____ _____ the door 문을 닫다

23 _____ your email 너의 이메일을 확인하다

24 _____ loudly 큰 소리로 웃다

25 I can _____ heavy things. 나는 무거운 물건들을 나를 수 있다.

26 Please come in and _____. 들어와서 자리에 앉으세요.

27 They _____ sandwiches and fruit. 그들은 샌드위치와 과일을 가져온다.

28 We _____ too many cups. 우리는 너무 많은 컵을 사용한다.

29 I _____ here from Ulsan last year. 나는 작년에 울산에서 여기로 이사했다.

30 Some people _____ their dogs without a leash.
몇몇 사람들이 줄 없이 자신들의 개를 산책시킨다.

[01~20] 영어 단어를 보고 알맞은 뜻을, 뜻을 보고 알맞은 영어 단어를 쓰시오.

01 sad _____   11 속상한, 화난 _____

02 nervous _____   12 무서워하는 _____

03 complain _____   13 화난, 성난 _____

04 surprised _____   14 ~을 자랑스러워하다 _____

05 afraid _____   15 기쁜, 반가운 _____

06 worry _____   16 신이 난, 흥분한 _____

07 would like to-v _____   17 용서하다; 양해를 구하다 _____

08 happy _____   18 기쁜, 만족해하는 _____

09 serious _____   19 지루해하는, 지루한 _____

10 lonely _____   20 그리워하다; 놓치다 _____

[21~30] 다음 어구나 문장의 빈칸에 알맞은 단어를 쓰시오.

21 be _____ 신이 나다

22 be _____ of dogs 개를 무서워하다

23 I'm so _____. 나는 정말 진지하다.

24 Don't be_____. 불안해하지 마라.

25 You look _____. 너는 지루해 보여.

26 _____ me for being late. 늦어서 죄송합니다.

27 Sailors often felt _____. 선원들은 종종 외로웠다.

28 I _____ drink some tea. 나는 차를 좀 마시고 싶다.

29 Don't _____ to me. 나에게 불평하지 마라.

30 Rabbit _____ his speed. 토끼는 그의 빠름을 자랑스러워했다.

[01~20] 영어 단어를 보고 알맞은 뜻을, 뜻을 보고 알맞은 영어 단어를 쓰시오.

01 idea	_____	11 원하다; 소원	_____
02 wonder	_____	12 ~하고 싶다	_____
03 believe	_____	13 생각하다	_____
04 give up	_____	14 질문, 문제	_____
05 forget	_____	15 계획; 계획하다	_____
06 know	_____	16 기억하다	_____
07 need	_____	17 추측하다; 추측	_____
08 dream	_____	18 결정하다	_____
09 keep	_____	19 이해하다	_____
10 hope	_____	20 마음, 정신	_____

[21~30] 다음 어구나 문장의 빈칸에 알맞은 단어를 쓰시오.

21 _____ help 도움을 필요로 하다

22 have a sweet _____ 좋은 꿈을 꾸다

23 _____ to be a singer 가수가 되기로 결심하다

24 ask a _____ 질문을 하다

25 _____ a secret 비밀을 지키다

26 We will never _____. 우리는 절대 포기하지 않을 것이다.

27 _____ the safety rule! 안전 수칙을 기억해라!

28 I _____ staying at home. 나는 집에 머무르고 싶다.

29 The king _____ the god's words. 그 왕은 신의 말을 믿었다.

30 I'll never _____ my time in Thailand.
나는 결코 태국에서의 시간을 잊지 않을 것이다.

[01~20] 영어 단어를 보고 알맞은 뜻을, 뜻을 보고 알맞은 영어 단어를 쓰시오.

01 talk _____

02 ask _____

03 find out _____

04 say hello to _____

05 message _____

06 tell _____

07 agree _____

08 discuss _____

09 explain _____

10 promise _____

11 부르다; 전화하다 _____

12 나타내다 _____

13 말하다 _____

14 (대)답하다; 대답; 해답 _____

15 말하다 _____

16 문제, 어려움 _____

17 허락하다 _____

18 받아들이다 _____

19 보여 주다; 쇼, 공연 _____

20 의미하다 _____

[21~30] 다음 어구나 문장의 빈칸에 알맞은 단어를 쓰시오.

21 It's a big _____. 그것은 큰 문제다.

22 _____ the question 그 질문에 답하다

23 _____ my name 내 이름을 부르다

24 _____ your mother. 너의 어머니에게 안부를 전해 줘.

25 _____ your idea 너의 생각을 받아들이다

26 We _____ about soccer a lot. 우리는 축구에 대해 많이 이야기한다.

27 I _____ him about the drama. 나는 그에게 그 드라마에 대해서 물었다.

28 These names _____ animals. 이러한 이름들은 동물을 의미한다.

29 Do you want to _____ new things? 너는 새로운 것을 발견하길 원하니?

30 How often do you _____ love to your family?
너는 얼마나 자주 가족에게 사랑을 표현하니?

[01~20] 영어 단어를 보고 알맞은 뜻을, 뜻을 보고 알맞은 영어 단어를 쓰시오.

01 hear	_____	11 보다	_____
02 voice	_____	12 ~하게 들리다; 소리	_____
03 be good at	_____	13 듣다, 귀 기울이다	_____
04 make a noise	_____	14 느끼다	_____
05 taste	_____	15 ~해 보이다, 보다	_____
06 watch	_____	16 단단한; 어려운; 열심히	_____
07 sweet	_____	17 날카로운, 뾰족한	_____
08 touch	_____	18 같은, 동일한	_____
09 soft	_____	19 냄새가 나다; 냄새	_____
10 color	_____	20 (소리가) 큰, 시끄러운	_____

[21~30] 다음 어구나 문장의 빈칸에 알맞은 단어를 쓰시오.

21 a _____ knife 날카로운 칼

22 That _____ fun. 그것은 재미있게 들린다.

23 I'm _____ soccer. 나는 축구를 잘한다.

24 I often _____ to K-pop. 나는 한국 가요를 종종 듣는다.

25 The flowers _____ good. 꽃들에게서 좋은 냄새가 난다.

26 be all the _____ size 모두 같은 크기이다

27 The sand was very _____. 모래는 매우 부드러웠다.

28 Don't _____ in the library. 도서관에서 시끄럽게 하지 마세요.

29 You must not _____ the paintings.
너는 그림을 만져서는 안 된다.

30 Blue is our favorite _____.
파란색은 우리가 가장 좋아하는 색이다.

Daily Check-up

[01~20] 영어 단어를 보고 알맞은 뜻을, 뜻을 보고 알맞은 영어 단어를 쓰시오.

01 visit _____   11 은행 _____

02 place _____   12 도시 _____

03 line up _____   13 동물원 _____

04 stop by _____   14 (소)도시, 마을 _____

05 bookstore _____   15 공항 _____

06 park _____   16 빵집, 제과점 _____

07 space _____   17 역, 정류장 _____

08 square _____   18 박물관, 미술관 _____

09 theater _____   19 마을, 부락 _____

10 gallery _____   20 시장 _____

[21~30] 다음 어구나 문장의 빈칸에 알맞은 단어를 쓰시오.

21 an online _____ 온라인 서점

22 a safe _____ 안전한 장소

23 the city's main _____ 도시의 주 광장

24 a large empty _____ 커다란 텅 빈 공간

25 a movie _____ 영화관

26 Visitors _____ for hours to eat here.
방문객들은 이곳에서 먹기 위해 수 시간씩 줄을 선다.

27 A sweet smell comes from the _____.
달콤한 냄새가 그 빵집에서 나온다.

28 Venice is a beautiful _____. 베니스는 아름다운 도시이다.

29 There are three art shows at the _____ now.
그 미술관에 지금 세 개의 미술 전시회가 있다.

30 He will _____ interesting shops in New York.
그는 뉴욕에 있는 흥미로운 가게들에 들를 것이다.

[01~20] 영어 단어를 보고 알맞은 뜻을, 뜻을 보고 알맞은 영어 단어를 쓰시오.

01 wall   _____   11 욕실, 화장실   _____

02 gate   _____   12 부엌, 주방   _____

03 turn off   _____   13 정원, 뜰   _____

04 go to bed   _____   14 우산   _____

05 refrigerator   _____   15 씻다, 빨래하다   _____

06 stair   _____   16 주소   _____

07 stay   _____   17 쓰레기   _____

08 living room   _____   18 가사, 집안일   _____

09 bedroom   _____   19 지붕   _____

10 comfortable   _____   20 바닥, 층   _____

[21~30] 다음 어구나 문장의 빈칸에 알맞은 단어를 쓰시오.

21 feel _____ 편안하게 느끼다

22 an email _____ 이메일 주소

23 cook in the _____ 부엌에서 요리하다

24 use an _____ 우산을 쓰다

25 _____ the computer. 컴퓨터를 꺼라.

26 keep food in the _____ 냉장고에 음식을 보관하다

27 It's on the second _____. 그것은 2층에 있다.

28 I usually _____ early. 나는 보통 일찍 잠자리에 든다.

29 _____ your hands before meals. 밥 먹기 전에 손을 씻어라.

30 My husband takes out the _____.
나의 남편이 쓰레기를 내다 버린다.

Daily Check-up

[01~20] 영어 단어를 보고 알맞은 뜻을, 뜻을 보고 알맞은 영어 단어를 쓰시오.

01 salt _____

02 sauce _____

03 such as _____

04 do the dishes _____

05 bake _____

06 snack _____

07 melt _____

08 cook _____

09 mix _____

10 recipe _____

11 고기 _____

12 가열하다; 열기 _____

13 설탕 _____

14 쌀, 밥 _____

15 신선한, 상쾌한 _____

16 붓다, 따르다 _____

17 아주 맛있는 _____

18 얼다, 얼리다 _____

19 병 _____

20 식사, 끼니 _____

[21~30] 다음 어구나 문장의 빈칸에 알맞은 단어를 쓰시오.

21 a very simple _____ 매우 간단한 요리법

22 _____ a pot 냄비를 가열하다

23 _____ fruits 신선한 과일

24 _____ yogurt 요거트를 얼리다

25 _____ milk and eggs. 우유와 달걀을 섞어라.

26 Enjoy your _____. 식사 맛있게 하세요.

27 a glass _____ 유리병

28 Can you please _____? 설거지를 해 줄 수 있나요?

29 _____ the butter slowly in a pan. 팬에 버터를 천천히 녹여라.

30 There are different toppings _____ chocolate and cheese.
초콜릿과 치즈와 같은 여러 가지 토핑들이 있다.

[01~20] 영어 단어를 보고 알맞은 뜻을, 뜻을 보고 알맞은 영어 단어를 쓰시오.

01 eat _____

02 juice _____

03 eat out _____

04 wait for _____

05 menu _____

06 cup _____

07 chef _____

08 thirsty _____

09 open _____

10 restaurant _____

11 칼 _____

12 해산물 _____

13 마시다 _____

14 수프, 국 _____

15 접시; 요리 _____

16 주문하다 _____

17 (음식을) 제공하다 _____

18 디저트, 후식 _____

19 샐러드 _____

20 배고픈 _____

[21~30] 다음 어구나 문장의 빈칸에 알맞은 단어를 쓰시오.

21 a famous _____ 유명한 요리사

22 be _____ 목이 마르다

23 a cold vegetable _____ 차가운 야채수프

24 _____ a meal 식사를 제공하다

25 cook Korean _____es 한국 음식을 만들다

26 drink lemon _____ 레몬주스를 마시다

27 We _____ once a week. 우리는 일주일에 한 번 외식한다.

28 What's for _____? 디저트는 뭐예요?

29 Paella is made of _____ and brown rice.
파에야는 해산물과 현미로 만들어 진다.

30 The customers are _____ their food.
손님들이 자신들의 음식을 기다리고 있다.

[01~20] 영어 단어를 보고 알맞은 뜻을, 뜻을 보고 알맞은 영어 단어를 쓰시오.

01 pants _____ 11 셔츠 _____

02 shoes _____ 12 스웨터 _____

03 put on _____ 13 벨트, 허리띠 _____

04 take off _____ 14 (테가 있는) 모자 _____

05 jacket _____ 15 양말 _____

06 skirt _____ 16 입다, 쓰다, 신다 _____

07 fashion _____ 17 디자인하다; 디자인 _____

08 pocket _____ 18 인기 있는 _____

09 clothes _____ 19 (앞에 챙이 달린) 모자 _____

10 style _____ 20 장갑 _____

[21~30] 다음 어구나 문장의 빈칸에 알맞은 단어를 쓰시오.

21 a baseball _____ 야구 모자

22 warm _____ 따뜻한 양말

23 a leather _____ 가죽 재킷

24 _____ clothes 옷을 디자인하다

25 a wool _____ 양털 스웨터

26 become _____ 인기를 얻다

27 rubber _____ 고무장갑

28 a _____ designer 패션 디자이너

29 a new _____ of coat 새로운 스타일의 코트

30 We _____ our shoes. 우리는 신발을 벗었다.

Day 18 Daily Check-up

[01~20] 영어 단어를 보고 알맞은 뜻을, 뜻을 보고 알맞은 영어 단어를 쓰시오.

01 subway _____

02 ride _____

03 get on _____

04 hurry up _____

05 right _____

06 truck _____

07 across _____

08 block _____

09 straight _____

10 stop _____

11 비행기 _____

12 운전하다 _____

13 자전거 _____

14 거리, 도로 _____

15 보트, 배 _____

16 다리 _____

17 표지판; 서명하다 _____

18 모퉁이, 구석 _____

19 도로, 길 _____

20 왼쪽; 왼쪽의; 왼쪽으로 _____

[21~30] 다음 어구나 문장의 빈칸에 알맞은 단어를 쓰시오.

21 walk around the _____ 모퉁이를 돌아 걸어가다

22 _____ the road 길을 막다

23 cross a _____ 다리를 건너다

24 a road _____ 도로 표지판

25 _____! We're late! 서둘러! 우리는 늦었어!

26 Move a little to the _____. 오른쪽으로 약간 이동해라.

27 They finally made an _____. 그들은 마침내 비행기를 만들었다.

28 They live _____ the river. 그들은 강 건너편에 산다.

29 There were no _____s in the forest. 그 숲에는 도로가 없었다.

30 Food _____s come to our neighborhood. 푸드 트럭들이 우리 동네에 온다.

[01~20] 영어 단어를 보고 알맞은 뜻을, 뜻을 보고 알맞은 영어 단어를 쓰시오.

01 teacher	_____	11 시험; 검사, 실험	_____
02 gym	_____	12 교복	_____
03 student	_____	13 ~와 친구가 되다	_____
04 after school	_____	14 대회, 콘테스트	_____
05 hall	_____	15 운동장, 놀이터	_____
06 library	_____	16 성적; 학년	_____
07 teach	_____	17 배우다	_____
08 locker	_____	18 과목	_____
09 homeroom	_____	19 따르다, 따라가다	_____
10 borrow	_____	20 구내식당	_____

[21~30] 다음 어구나 문장의 빈칸에 알맞은 단어를 쓰시오.

21 an essay _____ 에세이 대회

22 _____ the rules 규칙을 따르다

23 get a good _____ 좋은 성적을 받다

24 play basketball in the _____ 체육관에서 농구를 하다

25 She _____ them. 그녀는 그들과 친구가 되었다.

26 a school _____ 학교 구내식당

27 My favorite _____ is science. 내가 가장 좋아하는 과목은 과학이다.

28 The _____ has lots of books and DVDs.
그 도서관은 많은 책과 DVD가 있다.

29 I found the book in my school _____.
나는 그 책을 나의 학교 사물함에서 발견했다.

30 What are you going to do _____ today?
오늘 방과 후에 너는 무엇을 할 거니?

Day 20 **Daily** Check-up

[01~20] 영어 단어를 보고 알맞은 뜻을, 뜻을 보고 알맞은 영어 단어를 쓰시오.

01 homework   11 공부하다

02 review   12 옳은, 맞는

03 take a break   13 수업; (교재의) 과; 교훈

04 get up   14 쓰다

05 wrong   15 교실

06 difficult   16 (-s) 필기; 쪽지

07 speech   17 끝내다, 끝나다

08 report   18 실수, 잘못

09 fail   19 해결하다, 풀다

10 absent   20 일기

[21~30] 다음 어구나 문장의 빈칸에 알맞은 단어를 쓰시오.

21 take _____ s in class 수업 시간에 필기하다

22 _____ the problem 문제를 풀다

23 The answer is _____. 답이 맞다.

24 _____ the lesson 학과를 복습하다

25 a _____ test 어려운 시험

26 It's time to _____. 휴식을 취할 시간이다.

27 write a _____ on trash 쓰레기에 관한 보고서를 쓰다

28 She was _____ from school. 그녀는 학교에 결석했다.

29 My school held a _____ contest.
나의 학교는 연설 대회를 열었다.

30 Ms. Gray _____ really early to bake bread.
Gray 씨는 빵을 굽기 위해 매우 일찍 일어난다.

[01~20] 영어 단어를 보고 알맞은 뜻을, 뜻을 보고 알맞은 영어 단어를 쓰시오.

01 date _____

02 today _____

03 during _____

04 calendar _____

05 tomorrow _____

06 early _____

07 week _____

08 month _____

09 be late for _____

10 from _____

11 동시에 _____

12 (시간 단위) 분 _____

13 시간, 시각 _____

14 어제 _____

15 한 해, 1년 _____

16 오늘 밤; 오늘 밤에 _____

17 ~까지; ~할 때까지 _____

18 (특정한) 순간; 잠시 _____

19 곧, 머지않아 _____

20 과거, 지난날 _____

[21~30] 다음 어구나 문장의 빈칸에 알맞은 단어를 쓰시오.

21 _____ 9 to 6 9시부터 6시까지

22 _____ was Sunday. 어제는 일요일이었다.

23 for an _____ 한 시간 동안

24 I'll be home _____. 나는 집에 곧 도착할 것이다.

25 in the _____ 과거에

26 I'm _____ a baseball game. 나는 야구 경기에 늦었다.

27 _____ the 16th century 16세기까지

28 The telephone rang at that _____. 그 순간에 전화벨이 울렸다.

29 They left the house _____. 그들은 동시에 그 집을 떠났다.

30 _____ the day, we went hiking. 낮 동안 우리는 하이킹을 했다.

[01~20] 영어 단어를 보고 알맞은 뜻을, 뜻을 보고 알맞은 영어 단어를 쓰시오.

01 again _____

02 final _____

03 once _____

04 sometimes _____

05 before _____

06 always _____

07 repeat _____

08 suddenly _____

09 last _____

10 usually _____

11 첫 번째의 _____

12 절대[결코] ~ 않다 _____

13 단계; 걸음 _____

14 다음의 _____

15 자주, 종종 _____

16 ~ 후에[뒤에] _____

17 두 번째의 _____

18 가끔, 때때로 _____

19 항상, 줄곧, 내내 _____

20 세 번째의 _____

[21~30] 다음 어구나 문장의 빈칸에 알맞은 단어를 쓰시오.

21 _____ a week 일주일에 한 번

22 the _____ part 세 번째 부분

23 take the _____ train 다음 기차를 타다

24 _____ a question 질문을 반복하다

25 miss the _____ bus 마지막 버스를 놓치다

26 I listen to music _____. 나는 항상 음악을 듣는다.

27 You'll _____ beat us! 너희는 결코 우리를 이길 수 없다!

28 I _____ sleep with the TV on. 나는 때때로 TV를 켠 채로 잠든다.

29 They won the _____ game. 그들은 결승전에서 승리했다.

30 _____, an airplane appeared. 갑자기 비행기 한 대가 나타났다.

[01~20] 영어 단어를 보고 알맞은 뜻을, 뜻을 보고 알맞은 영어 단어를 쓰시오.

01 clean _____

02 quickly _____

03 perfect _____

04 bright _____

05 heavy _____

06 fast _____

07 dirty _____

08 for a while _____

09 be full of _____

10 busy _____

11 가난한 _____

12 준비가 된 _____

13 젖은 _____

14 졸린, 졸음이 오는 _____

15 느린 _____

16 안전한 _____

17 다른 _____

18 끔찍한, 형편없는 _____

19 어두운, 캄캄한 _____

20 가벼운; 밝은; 빛 _____

[21~30] 다음 어구나 문장의 빈칸에 알맞은 단어를 쓰시오.

21 feel _____ 졸리다

22 a _____ bag 가벼운 가방

23 get _____ 어두워지다

24 It's _____ news. 끔찍한 소식이다.

25 Let's rest here _____. 여기서 잠시 동안 쉬자.

26 Does this picture look _____? 이 그림이 달라 보이나요?

27 The field was _____ and slippery. 경기장은 젖어 있었고 미끄러웠다.

28 Times Square is always _____ people.
타임스 광장은 항상 사람으로 가득 차 있다.

29 They finished the race very _____. 그들은 경주를 매우 빨리 끝냈다.

30 Babies feel _____ with their mothers.
아기들은 엄마와 있으면 안전하다고 느낀다.

Daily Check-up

[01~20] 영어 단어를 보고 알맞은 뜻을, 뜻을 보고 알맞은 영어 단어를 쓰시오.

01 huge _____ 11 넓은 _____

02 line _____ 12 높은 _____

03 thick _____ 13 큰, 넓은 _____

04 deep _____ 14 쪽, 면; 옆, 측면 _____

05 shape _____ 15 둥근, 동그란 _____

06 part _____ 16 종류, 유형 _____

07 small _____ 17 평평한, 납작한 _____

08 a kind of _____ 18 물체, 물건 _____

09 for example _____ 19 낮은 _____

10 narrow _____ 20 크기; 치수 _____

[21~30] 다음 어구나 문장의 빈칸에 알맞은 단어를 쓰시오.

21 _____ wool socks 두꺼운 양털 양말

22 Please wait in _____. 줄을 서서 기다리세요.

23 the back _____ 뒷면

24 change a _____ 모양을 바꾸다

25 She makes a new _____ bread. 그녀는 새로운 종류의 빵을 만든다.

26 The Earth is not _____. 지구는 평평하지 않다.

27 What _____ of traveler are you? 너는 어떤 유형의 여행자니?

28 It's the most important _____ of the game.
그것은 그 경기에서 가장 중요한 부분이다.

29 Big and _____ monkeys play in the trees.
크고 작은 원숭이들이 나무에서 논다.

30 I make bags from old clothes. _____, I use blue jeans.
나는 낡은 옷으로 가방을 만든다. 예를 들어, 나는 청바지를 사용한다.

[01~20] 영어 단어를 보고 알맞은 뜻을, 뜻을 보고 알맞은 영어 단어를 쓰시오.

01 number _____   11 모든 _____

02 many _____   12 (수를) 세다 _____

03 piece _____   13 채우다 _____

04 total _____   14 (양이) 많은 _____

05 half _____   15 모든 _____

06 only _____   16 빈, 비어 있는 _____

07 some _____   17 아무것도 ~ 아니다 _____

08 a little _____   18 (수, 양이) 많은 _____

09 a few _____   19 충분한, 충분히 _____

10 each _____   20 추가하다; 더하다 _____

[21~30] 다음 어구나 문장의 빈칸에 알맞은 단어를 쓰시오.

21 cut in _____ 반으로 자르다

22 Add _____ salt. 약간의 소금을 추가해라.

23 They use too _____ water. 그들은 너무 많은 물을 사용한다.

24 Can the kid _____ to ten? 그 아이는 10까지 셀 줄 아니?

25 _____ all the numbers together. 숫자를 모두 더해라.

26 There is _____ in the box. 그 상자 안에는 아무것도 없다.

27 _____ student brings a special item to school.
각각의 학생은 특별한 품목을 학교에 가져온다.

28 _____ a big bowl with dog food. 큰 그릇을 개 먹이로 채워라.

29 I have two _____ cans. 나는 두 개의 빈 깡통을 가지고 있다.

30 The cat spent _____ time at sea.
그 고양이는 많은 시간을 바다에서 보냈다.

[01~20] 영어 단어를 보고 알맞은 뜻을, 뜻을 보고 알맞은 영어 단어를 쓰시오.

01 south _____

02 behind _____

03 outside _____

04 inside _____

05 center _____

06 below _____

07 east _____

08 in front of _____

09 next to _____

10 west _____

11 북쪽; 북쪽의; 북쪽으로 _____

12 ~ 위에[위로] _____

13 (~보다) 위에 _____

14 ~ 사이에 _____

15 ~ 아래에 _____

16 ~ 쪽으로 _____

17 맨 위; 맨 위의 _____

18 맨 아래; 맨 아래의 _____

19 먼; 멀리 _____

20 ~ 주위[둘레]에 _____

[21~30] 다음 어구나 문장의 빈칸에 알맞은 단어를 쓰시오.

21 _____ you and me   너와 나 사이에

22 jump _____ the fence   울타리 위로 뛰어넘다

23 at the _____ of the pond   연못 바닥에

24 in the _____ of the table   탁자의 중앙에

25 the _____ coast   동쪽 해안

26 Sit down _____ me.   내 옆에 앉아.

27 How _____ is it from here?   그곳은 여기서 얼마나 먼가요?

28 A car is coming _____ you.   차 한 대가 너의 뒤에 오고 있다.

29 You must not bring bags _____ the gallery.
   미술관 안으로 가방을 가져가서는 안 된다.

30 I'm going to act _____ a lot of people.
   나는 많은 사람 앞에서 연기를 할 예정이다.

[01~20] 영어 단어를 보고 알맞은 뜻을, 뜻을 보고 알맞은 영어 단어를 쓰시오.

01 map _____

02 backpack _____

03 exciting _____

04 memory _____

05 leave _____

06 travel _____

07 vacation _____

08 take a walk _____

09 get to _____

10 beach _____

11 여행 _____

12 관광객 _____

13 안내; 안내원; 안내하다 _____

14 오르다, 올라가다 _____

15 여행, 관광 _____

16 돌아오다 _____

17 모험 _____

18 짐을 싸다, 챙기다 _____

19 전망; 견해 _____

20 도착하다 _____

[21~30] 다음 어구나 문장의 빈칸에 알맞은 단어를 쓰시오.

21 _____ home   집으로 돌아오다

22 a sandy _____   모래 해변

23 She is a tour _____.   그녀는 여행 안내원이다.

24 _____ a mountain   산을 오르다

25 _____ around the world   세계 여행을 하다

26 I always _____ after dinner.   나는 항상 저녁 식사 후에 산책을 한다.

27 The _____ was fantastic.   그 전망은 환상적이었다.

28 At last, we _____ in Bangkok.   마침내, 우리는 방콕에 도착했다.

29 _____s visit art shops in Insa-dong.
관광객들은 인사동에서 미술점을 방문한다.

30 I _____ a T-shirt, shorts, and a jacket.
나는 티셔츠와 반바지, 그리고 재킷을 챙겼다.

[01~20] 영어 단어를 보고 알맞은 뜻을, 뜻을 보고 알맞은 영어 단어를 쓰시오.

01 sport _____

02 win _____

03 hold _____

04 match _____

05 stadium _____

06 catch _____

07 race _____

08 do one's best _____

09 work out _____

10 baseball _____

11 농구 _____

12 선수 _____

13 규칙 _____

14 지다; 잃어버리다 _____

15 축구 _____

16 연습하다 _____

17 득점, 점수 _____

18 가능한 _____

19 협동 작업, 팀워크 _____

20 환호하다, 격려하다 _____

[21~30] 다음 어구나 문장의 빈칸에 알맞은 단어를 쓰시오.

21 Olympic _____ 올림픽 경기장

22 _____ a ball 공을 잡다

23 _____ a game 경기에서 지다

24 We believe it is _____. 우리는 그것이 가능하다고 믿는다.

25 _____ hard for a tournament 대회를 위해 열심히 연습하다

26 The final _____ was 2 to 3. 최종 득점은 2대 3이었다.

27 My favorite _____ is badminton. 내가 가장 좋아하는 운동은 배드민턴이다.

28 America is the home of _____. 미국은 야구의 본고장이다.

29 She didn't break the _____. 그녀는 규칙을 어기지 않았다.

30 I _____ at the gym every morning. 나는 매일 아침 체육관에서 운동한다.

[01~20] 영어 단어를 보고 알맞은 뜻을, 뜻을 보고 알맞은 영어 단어를 쓰시오.

01 gift _____ 11 사진 _____

02 festival _____ 12 손님, 하객 _____

03 present _____ 13 파티 _____

04 meeting _____ 14 폭죽; 불꽃놀이 _____

05 wonderful _____ 15 특별한 _____

06 prize _____ 16 박람회; 공평한 _____

07 weekend _____ 17 자원봉사자; 자원하는 _____

08 take place _____ 18 인터뷰; 인터뷰하다 _____

09 be going to-v _____ 19 초대하다 _____

10 birthday _____ 20 휴가, 휴일 _____

[21~30] 다음 어구나 문장의 빈칸에 알맞은 단어를 쓰시오.

21 a book _____ 도서 박람회

22 win first _____ 1등상을 받다

23 We welcomed the _____s. 우리는 손님들을 맞이했다.

24 They sell _____ gifts. 그들은 특별한 선물을 판매한다.

25 How _____ it is! 정말 멋지구나!

26 _____ my friends to the party 내 친구들을 파티에 초대하다

27 do _____ work at the city library 시립 도서관에서 자원봉사를 하다

28 An arts festival _____ there. 예술 축제가 거기서 열린다.

29 Do you have any plans for this _____? 너는 이번 주말에 무슨 계획이 있니?

30 I _____ go to Children's Park. 나는 어린이 공원에 갈 예정이다.

[01~20] 영어 단어를 보고 알맞은 뜻을, 뜻을 보고 알맞은 영어 단어를 쓰시오.

01 swim _____

02 collect _____

03 camping _____

04 fishing _____

05 game _____

06 free _____

07 read _____

08 outdoor _____

09 have fun _____

10 draw _____

11 취미 _____

12 활동 _____

13 운동하다, 연습하다 _____

14 칠하다; 물감 _____

15 춤추다; 춤 _____

16 즐기다 _____

17 ~의 사진을 찍다 _____

18 재미있는, 흥미로운 _____

19 하이킹, 도보 여행 _____

20 가장 좋아하는 _____

[21~30] 다음 어구나 문장의 빈칸에 알맞은 단어를 쓰시오.

21 It's very _____. 그것은 매우 흥미롭다.

22 my _____ writer 내가 가장 좋아하는 작가

23 have lots of _____ time 자유 시간이 많다

24 an outdoor _____ 야외 활동

25 We had so much _____. 우리는 매우 즐거운 시간을 보냈다.

26 We practice _____ moves. 우리는 춤 동작을 연습한다.

27 I went _____ with my father. 나는 아버지와 낚시를 갔다.

28 My hobby is to _____ coins. 내 취미는 동전을 모으는 것이다.

29 A lot of people _____ at the park. 많은 사람이 공원에서 운동한다.

30 He tried to _____ real objects exactly.
그는 실제 사물을 정확하게 그리려고 노력했다.

[01~20] 영어 단어를 보고 알맞은 뜻을, 뜻을 보고 알맞은 영어 단어를 쓰시오.

01 art _____

02 be over _____

03 stage _____

04 role _____

05 film _____

06 actress _____

07 novel _____

08 famous _____

09 story _____

10 actor _____

11 악단, 밴드 _____

12 (물감으로 그린) 그림 _____

13 콘서트, 연주회 _____

14 주된 _____

15 영화를 보러 가다 _____

16 가수 _____

17 음악 _____

18 마법; 마법의 _____

19 표, 입장권 _____

20 화가, 예술가 _____

[21~30] 다음 어구나 문장의 빈칸에 알맞은 단어를 쓰시오.

21 the best _____ 최고의 여배우

22 a great _____ 훌륭한 예술가

23 What's your _____ in the play? 그 연극에서 너의 역할은 무엇이니?

24 I play the _____ character's dad. 나는 주인공의 아빠를 연기한다.

25 The concert will _____ at ten. 연주회는 10시에 끝날 것이다.

26 Busan International _____ Festival 부산 국제 영화제

27 I am going to _____ tomorrow. 나는 내일 영화를 보러 갈 예정이다.

28 The picture became _____. 그 사진은 유명해졌다.

29 The _____ shows memories of his hometown.
그 그림은 그의 고향의 기억을 보여 준다.

30 There will be a K-pop _____ here in November.
11월에 여기서 케이팝 콘서트가 열릴 것이다.

[01~20] 영어 단어를 보고 알맞은 뜻을, 뜻을 보고 알맞은 영어 단어를 쓰시오.

01 buy _____

02 try on _____

03 waste _____

04 discount _____

05 look around _____

06 pay _____

07 cheap _____

08 store _____

09 sale _____

10 choose _____

11 쇼핑몰, 쇼핑센터 _____

12 쿠폰, 할인권 _____

13 손님, 고객 _____

14 유용한 _____

15 물품, 품목 _____

16 (돈을) 쓰다 _____

17 팔다, 팔리다 _____

18 비싼 _____

19 목록 _____

20 값, 가격 _____

[21~30] 다음 어구나 문장의 빈칸에 알맞은 단어를 쓰시오.

21 a good fashion _____ 훌륭한 패션 물품

22 Hats are _____. 모자는 유용하다.

23 It's a little _____. 가격이 조금 비싸네요.

24 get a 20 percent _____ 20% 할인을 받다

25 How much did you _____ for the car? 너는 그 차에 얼마를 지불했니?

26 Can I _____ this jacket? 이 재킷을 입어 볼 수 있나요?

27 Don't _____ your money. 돈을 낭비하지 마라.

28 You should make a shopping _____. 너는 쇼핑 목록을 만들어야 한다.

29 I enjoy looking _____ in the mall. 나는 쇼핑몰에서 구경하는 것을 즐긴다.

30 I will _____ things at the flea market. 나는 벼룩시장에서 물건을 팔 것이다.

Daily Check-up

[01~20] 영어 단어를 보고 알맞은 뜻을, 뜻을 보고 알맞은 영어 단어를 쓰시오.

01 nurse _____

02 see a doctor _____

03 tired _____

04 health _____

05 catch a cold _____

06 medicine _____

07 relax _____

08 pain _____

09 cough _____

10 headache _____

11 병원 _____

12 무게, 체중 _____

13 조언, 충고 _____

14 위, 배 _____

15 열 _____

16 약한, 힘이 없는 _____

17 아픈, 병든 _____

18 치료하다; 다루다 _____

19 튼튼한, 건강한 _____

20 다치게 하다; 아프다 _____

[21~30] 다음 어구나 문장의 빈칸에 알맞은 단어를 쓰시오.

21 take _____ 약을 먹다

22 You need to _____. 너는 좀 쉬어야 한다.

23 I have a bad _____. 나는 두통이 심하다.

24 He is trying to lose _____. 그는 체중을 줄이려고 노력하고 있다.

25 My _____ feels funny. 배가[속이] 이상하다.

26 He has a high _____. 그는 열이 많이 난다.

27 She felt a _____ in her back. 그녀는 등에 통증을 느꼈다.

28 He does his best to _____ my dog.
그는 최선을 다해서 나의 개를 치료한다.

29 Hamburgers are not good for your _____. 햄버거는 너의 건강에 좋지 않다.

30 It was really cold, but I didn't _____.
매우 추웠지만, 나는 감기에 걸리지 않았다.

[01~20] 영어 단어를 보고 알맞은 뜻을, 뜻을 보고 알맞은 영어 단어를 쓰시오.

01 grass _____

02 right away _____

03 farm _____

04 bean _____

05 pick up _____

06 soil _____

07 grow _____

08 fruit _____

09 wood _____

10 ground _____

11 나뭇가지 _____

12 들판; 현장; 경기장 _____

13 식물; 심다 _____

14 채소 _____

15 돌 _____

16 나무 _____

17 꽃 _____

18 파다, 캐내다 _____

19 잎, 나뭇잎 _____

20 물; 물을 주다 _____

[21~30] 다음 어구나 문장의 빈칸에 알맞은 단어를 쓰시오.

21 a yellow _____ 노란 나뭇잎

22 on a _____ 나뭇가지 위에

23 _____ the garden 정원에 물을 주다

24 I'll _____ different kinds of flowers. 나는 다양한 종류의 꽃을 키울 것이다.

25 I'll send the letter _____. 나는 그 편지를 즉시 보낼 것이다.

26 You can see cows in the green _____.
너는 녹색 들판에서 소들을 볼 수 있다.

27 Let's walk through the _____s. 숲을 통과해서 걸어가자.

28 One egg fell to the _____. 알 하나가 땅으로 떨어졌다.

29 Some scientists used _____s to make meat.
몇몇 과학자들은 콩을 사용해서 고기를 만들었다.

30 The elephant _____ the apple with his long nose.
그 코끼리는 긴 코를 사용해서 사과를 집었다.

[01~20] 영어 단어를 보고 알맞은 뜻을, 뜻을 보고 알맞은 영어 단어를 쓰시오.

01 bee _____ 11 닭 _____

02 by the way _____ 12 양 _____

03 giraffe _____ 13 꼬리 _____

04 colorful _____ 14 먹이를 주다 _____

05 look for _____ 15 코끼리 _____

06 mouse _____ 16 늑대 _____

07 hunt _____ 17 파리; 날다 _____

08 whale _____ 18 동물 _____

09 zebra _____ 19 원숭이 _____

10 snake _____ 20 야생의 _____

[21~30] 다음 어구나 문장의 빈칸에 알맞은 단어를 쓰시오.

21 _____ baby cows 송아지들에게 먹이를 주다

22 _____ birds sing. 알록달록한 새들이 노래한다.

23 A _____ appeared. 늑대 한 마리가 나타났다.

24 _____s have stripes. 얼룩말은 줄무늬가 있다.

25 protect _____ animals 야생 동물들을 보호하다

26 Meerkats are _____ food. 미어캣들이 먹이를 찾고 있다.

27 What is this animal, _____? 그런데, 이 동물은 무엇이니?

28 Many bats _____ at night. 많은 박쥐들은 밤에 사냥한다.

29 Some _____s live in groups. 몇몇 동물들은 무리지어 산다.

30 This _____ lays eggs every morning. 이 닭은 매일 아침 알을 낳는다.

Daily Check-up

[01~20] 영어 단어를 보고 알맞은 뜻을, 뜻을 보고 알맞은 영어 단어를 쓰시오.

01 hill	_____	11 섬	_____
02 look at	_____	12 연못	_____
03 ocean	_____	13 미스터리, 불가사의	_____
04 wave	_____	14 발견하다	_____
05 take turns	_____	15 사막	_____
06 mountain	_____	16 강	_____
07 nature	_____	17 육지, 땅	_____
08 valley	_____	18 북극[남극]의	_____
09 forest	_____	19 호수	_____
10 jungle	_____	20 동굴	_____

[21~30] 다음 어구나 문장의 빈칸에 알맞은 단어를 쓰시오.

21 a _____ bear 북극곰

22 a hot and dry _____ 뜨겁고 건조한 사막

23 Explore the _____! 정글을 탐험하라!

24 He _____ new marine animals. 그는 새로운 해양 동물을 발견했다.

25 They _____ warming their eggs. 그들은 교대로 자신들의 알을 품는다.

26 _____ the moon in the sky. 하늘의 달을 봐.

27 There isn't any _____ there. 그곳에는 땅이 전혀 없다.

28 Dokdo has many _____s. 독도는 많은 섬들이 있다.

29 There are lots of interesting fish in the _____.
대양에는 많은 흥미로운 물고기가 있다.

30 In the sea, the _____s are too strong. 바다에서는 파도가 매우 거세다.

[01~20] 영어 단어를 보고 알맞은 뜻을, 뜻을 보고 알맞은 영어 단어를 쓰시오.

01 warm _____   11 화창한 _____

02 at first _____   12 봄 _____

03 summer _____   13 (바람이) 불다 _____

04 weather _____   14 예측,; 예측하다 _____

05 all day long _____   15 비가 오다; 비 _____

06 cloudy _____   16 시원한; 멋진 _____

07 season _____   17 추운, 차가운 _____

08 clear _____   18 겨울 _____

09 snow _____   19 더운, 뜨거운 _____

10 windy _____   20 가을; 떨어지다 _____

[21~30] 다음 어구나 문장의 빈칸에 알맞은 단어를 쓰시오.

21 A cold wind _____. 찬바람이 분다.

22 a _____ blue sky 맑고 파란 하늘

23 a _____ breeze 시원한 산들바람

24 It's cold and _____. 춥고 바람이 많이 분다.

25 check the weather _____ 일기 예보를 확인하다

26 It wasn't snowing _____. 처음에는 눈이 오고 있지 않았다.

27 What's the _____ like there? 거기 날씨는 어떤가요?

28 It does not _____ very much here. 여기는 눈이 많이 오지 않는다.

29 It'll rain _____ today. 오늘은 하루 종일 비가 올 것이다.

30 Leaves change color in _____. 가을에는 잎들이 색을 바꾼다.

[01~20] 영어 단어를 보고 알맞은 뜻을, 뜻을 보고 알맞은 영어 단어를 쓰시오.

01 event _____

02 ask for _____

03 create _____

04 program _____

05 these days _____

06 hometown _____

07 president _____

08 building _____

09 important _____

10 history _____

11 법 _____

12 지역의, 현지의 _____

13 정보, 자료 _____

14 전통적인 _____

15 행운, 운 _____

16 끝나다; 끝, 결말 _____

17 시작하다; 시작 _____

18 시민, 국민 _____

19 들어가다; 참가하다 _____

20 계획; 연구 과제 _____

[21~30] 다음 어구나 문장의 빈칸에 알맞은 단어를 쓰시오.

21 meet the U.S. _____ 미국 대통령을 만나다

22 a _____ market 지역 시장

23 get more _____ 더 많은 정보를 얻다

24 _____ a soccer tournament 축구 대회에 참가하다

25 The palace has many colorful _____s.
그 궁전에는 많은 다채로운 건물들이 있다.

26 Hanji is a _____ Korean paper. 한지는 전통적인 한국 종이이다.

27 Let's be good _____s. 좋은 시민이 되자.

28 _____ this park is getting dirty. 요즘 이 공원이 지저분해지고 있다.

29 He always missed his _____. 그는 항상 자신의 고향을 그리워했다.

30 He went to college to study _____. 그는 법을 공부하기 위해 대학에 갔다.

[01~20] 영어 단어를 보고 알맞은 뜻을, 뜻을 보고 알맞은 영어 단어를 쓰시오.

01 air _____

02 throw away _____

03 save _____

04 float _____

05 earth _____

06 plastic _____

07 protect _____

08 glass _____

09 power _____

10 recycle _____

11 재사용하다; 재사용 _____

12 쓰레기 _____

13 위험한 _____

14 환경 _____

15 ~에 대해 걱정하다 _____

16 모래 _____

17 불; 화재 _____

18 청구서; 지폐 _____

19 바위, 암석 _____

20 에너지 _____

[21~30] 다음 어구나 문장의 빈칸에 알맞은 단어를 쓰시오.

21 _____ paper 종이를 재활용하다

22 the water _____ 수도 요금 청구서

23 put out a _____ 불을 끄다

24 He _____ the sea turtles. 그는 바다 거북이에 대해 걱정한다.

25 We use too much _____. 우리는 너무 많은 플라스틱을 사용한다.

26 They live in a _____ wild desert. 그들은 위험한 야생 사막에서 산다.

27 Don't _____ your old clothes. 너의 낡은 옷을 버리지 마.

28 Human garbage is _____ around in the ocean.
인간의 쓰레기가 대양을 떠다니고 있다.

29 The _____ goes around the Sun. 지구는 태양 주위를 돈다.

30 We often find some broken _____ on the beach.
우리는 해변에서 깨진 유리를 종종 발견한다.

[01~20] 영어 단어를 보고 알맞은 뜻을, 뜻을 보고 알맞은 영어 단어를 쓰시오.

01 help _____

02 believe in _____

03 palace _____

04 language _____

05 war _____

06 online _____

07 culture _____

08 spread _____

09 website _____

10 post _____

11 수다 떨다; 잡담 _____

12 탐험하다, 답사하다 _____

13 우주 _____

14 외국인 _____

15 전 세계에 _____

16 나라; 시골 _____

17 인간, 사람 _____

18 과학 _____

19 평화 _____

20 사실은; 실제로 _____

[21~30] 다음 어구나 문장의 빈칸에 알맞은 단어를 쓰시오.

21 a blue-eyed _____ 파란 눈의 외국인

22 _____ other countries   다른 나라들을 탐험하다

23 She is working for world _____.   그녀는 세계 평화를 위해 일하고 있다.

24 borrow e-books on the library _____   도서관 웹사이트에서 전자책을 빌리다

25 I _____ video clips on my blog.   나는 나의 블로그에 비디오 클립을 올린다.

26 Earth is not the center of the _____.   지구는 우주의 중심이 아니다.

27 People travel _____.   사람들은 전 세계를 여행한다.

28 _____, there isn't just one Cinderella story.
사실은, 단 하나의 신데렐라 이야기만 있지는 않다.

29 The virus _____ quickly through email.
그 바이러스는 이메일을 통해 빠르게 퍼진다.

30 Some animals can use tools like _____s.
어떤 동물들은 인간처럼 도구를 사용할 수 있다.

4일
누적 테스트

학습한 단어의 우리말 뜻을 쓰세요.

01 baby	_____	21 body	_____
02 tooth	_____	22 parent	_____
03 aunt	_____	23 woman	_____
04 be born	_____	24 cousin	_____
05 age	_____	25 finger	_____
06 watch out	_____	26 everyone	_____
07 knee	_____	27 friend	_____
08 boy	_____	28 shoulder	_____
09 child	_____	29 relative	_____
10 neighbor	_____	30 girl	_____
11 toe	_____	31 harmony	_____
12 husband	_____	32 son	_____
13 hair	_____	33 make fun of	_____
14 each other	_____	34 nickname	_____
15 eye	_____	35 family	_____
16 favor	_____	36 alone	_____
17 member	_____	37 dear	_____
18 classmate	_____	38 hang out with	_____
19 partner	_____	39 name	_____
20 brother	_____	40 hand	_____

01 stupid _____

02 clever _____

03 laugh _____

04 use _____

05 honest _____

06 smart _____

07 tall _____

08 play _____

09 get out of _____

10 check _____

11 calm _____

12 try _____

13 polite _____

14 young _____

15 future _____

16 work _____

17 lovely _____

18 firefighter _____

19 drop _____

20 company _____

21 thin _____

22 fat _____

23 become _____

24 on time _____

25 run _____

26 wise _____

27 reporter _____

28 beautiful _____

29 cry _____

30 old _____

31 active _____

32 look like _____

33 lazy _____

34 carry _____

35 character _____

36 kick _____

37 normal _____

38 bring _____

39 show up _____

40 short _____

4일 누적 테스트

01 complain	_____	21 feel like -ing	_____
02 express	_____	22 same	_____
03 nervous	_____	23 mean	_____
04 wonder	_____	24 loud	_____
05 look	_____	25 say hello to	_____
06 forget	_____	26 message	_____
07 idea	_____	27 surprised	_____
08 touch	_____	28 sad	_____
09 allow	_____	29 sweet	_____
10 know	_____	30 plan	_____
11 explain	_____	31 make a noise	_____
12 taste	_____	32 afraid	_____
13 glad	_____	33 miss	_____
14 excited	_____	34 excuse	_____
15 worry	_____	35 decide	_____
16 tell	_____	36 ask	_____
17 hope	_____	37 talk	_____
18 see	_____	38 pleased	_____
19 sharp	_____	39 mind	_____
20 upset	_____	40 be proud of	_____

01 rice	_____	21 airport	_____
02 such as	_____	22 dish	_____
03 cup	_____	23 bedroom	_____
04 umbrella	_____	24 open	_____
05 drink	_____	25 bank	_____
06 chef	_____	26 serve	_____
07 town	_____	27 juice	_____
08 refrigerator	_____	28 mix	_____
09 gate	_____	29 recipe	_____
10 address	_____	30 freeze	_____
11 snack	_____	31 knife	_____
12 turn off	_____	32 fresh	_____
13 pour	_____	33 living room	_____
14 zoo	_____	34 stop by	_____
15 park	_____	35 bake	_____
16 stair	_____	36 hungry	_____
17 menu	_____	37 delicious	_____
18 dessert	_____	38 market	_____
19 gallery	_____	39 melt	_____
20 theater	_____	40 thirsty	_____

01 corner   _____

02 sign   _____

03 sweater   _____

04 stop   _____

05 jacket   _____

06 bike   _____

07 diary   _____

08 review   _____

09 wear   _____

10 locker   _____

11 study   _____

12 library   _____

13 design   _____

14 across   _____

15 take off   _____

16 block   _____

17 drive   _____

18 street   _____

19 left   _____

20 report   _____

21 airplane   _____

22 get on   _____

23 school uniform _____

24 gym   _____

25 popular   _____

26 student   _____

27 ride   _____

28 road   _____

29 straight   _____

30 grade   _____

31 lesson   _____

32 shoes   _____

33 test   _____

34 belt   _____

35 hurry up   _____

36 teach   _____

37 finish   _____

38 playground _____

39 subject   _____

40 wrong   _____

01 dark _____

02 from time to time _____

03 type _____

04 again _____

05 step _____

06 first _____

07 after _____

08 soon _____

09 high _____

10 sleepy _____

11 object _____

12 wide _____

13 different _____

14 once _____

15 thick _____

16 huge _____

17 minute _____

18 date _____

19 past _____

20 large _____

21 tomorrow _____

22 deep _____

23 all the time _____

24 line _____

25 third _____

26 safe _____

27 round _____

28 a kind of _____

29 last _____

30 at the same time _____

31 suddenly _____

32 clean _____

33 hour _____

34 quickly _____

35 second _____

36 part _____

37 before _____

38 flat _____

39 shape _____

40 size _____

01 teamwork _____   21 center _____

02 a little _____   22 backpack _____

03 memory _____   23 in front of _____

04 outside _____   24 possible _____

05 score _____   25 win _____

06 over _____   26 inside _____

07 leave _____   27 fill _____

08 stadium _____   28 exciting _____

09 east _____   29 adventure _____

10 return _____   30 count _____

11 a few _____   31 half _____

12 cheer _____   32 enough _____

13 trip _____   33 vacation _____

14 pack _____   34 baseball _____

15 empty _____   35 practice _____

16 sport _____   36 travel _____

17 a lot of _____   37 under _____

18 around _____   38 much _____

19 soccer _____   39 above _____

20 hold _____   40 south _____

4일 누적 테스트

01 meeting   _____

02 collect   _____

03 photo   _____

04 painting   _____

05 film   _____

06 draw   _____

07 band   _____

08 expensive   _____

09 take place   _____

10 try on   _____

11 magic   _____

12 be over   _____

13 price   _____

14 invite   _____

15 gift   _____

16 music   _____

17 famous   _____

18 favorite   _____

19 main   _____

20 cheap   _____

21 look around   _____

22 story   _____

23 take a picture of   _____

24 interview   _____

25 actress   _____

26 prize   _____

27 choose   _____

28 hobby   _____

29 customer   _____

30 waste   _____

31 stage   _____

32 firework   _____

33 sale   _____

34 item   _____

35 paint   _____

36 guest   _____

37 mall   _____

38 spend   _____

39 festival   _____

40 activity   _____

4일 누적 테스트

01 vegetable _____

02 treat _____

03 land _____

04 fever _____

05 weight _____

06 look at _____

07 tree _____

08 hill _____

09 river _____

10 headache _____

11 catch a cold _____

12 zebra _____

13 grow _____

14 tired _____

15 desert _____

16 wave _____

17 grass _____

18 stomach _____

19 lake _____

20 discover _____

21 right away _____

22 pain _____

23 hurt _____

24 nature _____

25 giraffe _____

26 hospital _____

27 weak _____

28 island _____

29 relax _____

30 pond _____

31 whale _____

32 water _____

33 cave _____

34 valley _____

35 monkey _____

36 field _____

37 jungle _____

38 mountain _____

39 sheep _____

40 health _____

01 create		21 war	
02 website		22 culture	
03 bill		23 event	
04 actually		24 save	
05 enter		25 dangerous	
06 president		26 help	
07 reuse		27 earth	
08 weather		28 windy	
09 language		29 power	
10 luck		30 clear	
11 season		31 ask for	
12 universe		32 cloudy	
13 environment		33 blow	
14 glass		34 winter	
15 end		35 around the world	
16 air		36 be worried about	
17 sunny		37 law	
18 at first		38 project	
19 protect		39 foreigner	
20 rain		40 online	

Answers

Daily Check-up

01 이름	02 아기	03 사람들	04 소년, 남자아이
05 성인, 어른	06 (성인) 남자, 남성	07 십 대	08 ~ 출신이다, ~에서 오다
09 신사, 양반	10 누군가, 어떤 사람	11 age	12 girl
13 everyone	14 own	15 lady	16 person
17 each other	18 dear	19 child	20 woman
21 adult	22 boy	23 child	24 man
25 person	26 teenager	27 Everyone	28 own
29 someone	30 each other		

Day **02** Daily Check-up

01 가족	02 반려동물	03 부모	04 고모, 이모, 숙모
05 딸	06 ~을 돌보다	07 결혼하다	08 사촌
09 남편	10 태어나다	11 uncle	12 member
13 mother	14 wife	15 sister	16 father
17 grandparent	18 son	19 brother	20 relative
21 member	22 grandparent	23 brother	24 daughter
25 marry	26 uncle	27 cousin	28 take care of
29 aunt	30 was born		

Day **03** Daily Check-up

01 친구	02 동아리, 클럽	03 이상한; 낯선	04 급우, 반 친구
05 가입하다, 함께하다	06 ~을 놀리다	07 조화, 화합	08 호의, 부탁
09 파트너, 짝	10 싸우다	11 alone	12 friendship
13 neighbor	14 share	15 introduce	16 welcome
17 group	18 together	19 nickname	20 hang out with
21 join	22 Welcome	23 together	24 group
25 fight	26 neighbor	27 introduce	28 made fun of
29 favor	30 hang out with		

01 몸, 신체	02 무릎	03 성장하다, 자라다	04 이, 치아
05 머리카락, 털	06 입	07 팔	08 피부
09 코	10 어깨	11 ear	12 tongue
13 eye	14 head	15 foot	16 watch out
17 toe	18 leg	19 finger	20 hand
21 mouth	22 tooth	23 knee	24 hair
25 nose	26 shoulder	27 grew up	28 head
29 Watch out	30 hand		

01 늙은, 나이 많은; 오래된	02 얼굴	03 사랑스러운	04 잘생긴
05 귀여운	06 뚱뚱한, 살찐	07 나타나다	08 금발인
09 긴	10 키가 큰, 높은	11 thin	12 ugly
13 normal	14 short	15 beautiful	16 young
17 change	18 look like	19 curly	20 pretty
21 fat	22 normal	23 face	24 young
25 curly	26 pretty	27 change	28 looks like
29 showed up	30 long		

01 친절한; 종류, 유형	02 용감한	03 주의 깊은, 조심하는	04 정직한, 솔직한
05 어리석은, 멍청한	06 활동적인	07 성격, 기질; 특징; 등장인물	
08 친절한, 우호적인	09 게으른	10 혼자 힘으로	11 quiet
12 calm	13 wise	14 funny	15 polite
16 clever/smart	17 shy	18 clever/smart	19 on time
20 curious	21 polite	22 calm	23 character
24 quiet	25 stupid	26 honest	27 on time
28 friendly	29 active	30 on my own	

Day 07

Daily Check-up

01 일, 직장, 직업	02 경찰관	03 농부, 농장주	04 경험; 경험하다
05 이루어지다, 실현되다	06 ~이 되다, ~해지다	07 조종사, 비행사	08 회사; 동료, 일행
09 감독, 연출자	10 (도서관의) 사서	11 future	12 engineer
13 reporter	14 want	15 firefighter	16 be interested in
17 scientist	18 worker	19 work	20 writer
21 future	22 job	23 experience	24 engineer
25 director	26 reporter	27 am interested in	28 want
29 come true	30 become		

Day 08

Daily Check-up

01 놀다	02 닫다	03 확인하다, 점검하다	04 움직이다; 이사하다
05 ~에서 나가[오]다; ~에서 내리다		06 (소리 내어) 웃다	07 던지다
08 걷다; 산책시키다; 걷기	09 울다	10 달리다, 뛰다	11 act
12 carry	13 kick	14 drop	15 jump
16 have[take] a seat	17 bring	18 try	19 shout
20 use	21 throw	22 close	23 check
24 laugh	25 carry	26 have[take] a seat	27 bring
28 use	29 moved	30 walk	

Day 09

Daily Check-up

01 슬픈	02 불안해하는, 긴장한	03 불평하다, 항의하다	04 놀란, 놀라는
05 무서워하는, 겁내는	06 걱정하다	07 ~하고 싶다	08 행복한
09 심각한, 진지한	10 외로운, 쓸쓸한	11 upset	12 scared
13 angry	14 be proud of	15 glad	16 excited
17 excuse	18 pleased	19 bored	20 miss
21 excited	22 afraid	23 serious	24 nervous
25 bored	26 Excuse	27 lonely	28 would like to
29 complain	30 was proud of		

Day 10

Daily Check-up

01 발상, 생각	02 궁금하다, 궁금해하다	03 믿다, 생각하다	04 포기하다
05 잊다, 잊어버리다	06 알다, 알고 있다	07 필요로 하다	08 꿈; 꿈을 꾸다
09 유지하다, 지키다	10 바라다, 희망하다; 희망	11 wish	12 feel like -ing
13 think	14 question	15 plan	16 remember
17 guess	18 decide	19 understand	20 mind
21 need	22 dream	23 decide	24 question
25 keep	26 give up	27 Remember	28 feel like
29 believed	30 forget		

Day 11

Daily Check-up

01 말하다, 이야기하다	02 묻다, 질문하다	03 알아내다, 발견하다	
04 ~에게 안부를 전하다, ~에게 인사하다		05 메시지, 전갈	06 알리다, 말하다
07 동의하다, 찬성하다	08 상의하다, 논의하다	09 설명하다	10 약속하다; 약속
11 call	12 express	13 speak	14 answer
15 say	16 problem	17 allow	18 accept
19 show	20 mean	21 problem	22 answer
23 call	24 Say hello to	25 accept	26 talk
27 asked	28 mean	29 find out	30 express

Day 12

Daily Check-up

01 듣다, 들리다	02 목소리, 음성	03 ~을 잘하다	
04 시끄럽게 하다, 소란을 피우다		05 맛이 나다; 맛	06 보다, 지켜보다
07 달콤한, 단	08 만지다	09 부드러운, 푹신한	10 색, 색깔
11 see	12 sound	13 listen	14 feel
15 look	16 hard	17 sharp	18 same
19 smell	20 loud	21 sharp	22 sounds
23 good at	24 listen	25 smell	26 same
27 soft	28 make a noise	29 touch	30 color

01 방문하다	02 장소	03 줄을 서다	04 ～에 잠시 들르다
05 서점	06 공원	07 공간; 우주	08 광장; 정사각형
09 극장	10 미술관, 화랑	11 bank	12 city
13 zoo	14 town	15 airport	16 bakery
17 station	18 museum	19 village	20 market
21 bookstore	22 place	23 square	24 space
25 theater	26 line up	27 bakery	28 city
29 gallery	30 stop by		

01 담, 벽	02 문, 출입구	03 ～을 끄다	04 잠자리에 들다
05 냉장고	06 계단	07 머무르다	08 거실
09 침실	10 편안한, 쾌적한	11 bathroom	12 kitchen
13 garden	14 umbrella	15 wash	16 address
17 garbage	18 housework	19 roof	20 floor
21 comfortable	22 address	23 kitchen	24 umbrella
25 Turn off	26 refrigerator	27 floor	28 go to bed
29 Wash	30 garbage		

01 소금	02 소스, 양념	03 ～와 같은	04 설거지를 하다
05 굽다	06 간단한 식사, 간식	07 녹다, 녹이다	08 요리하다; 요리사
09 섞다, 혼합하다	10 요리법, 레시피	11 meat	12 heat
13 sugar	14 rice	15 fresh	16 pour
17 delicious	18 freeze	19 bottle	20 meal
21 recipe	22 heat	23 fresh	24 freeze
25 Mix	26 meal	27 bottle	28 do the dishes
29 Melt	30 such as		

01 먹다	02 주스, 즙	03 외식하다	04 ~을 기다리다
05 메뉴, 식단표	06 컵, 잔	07 요리사, 주방장	08 목이 마른
09 열다; 열린	10 식당, 레스토랑	11 knife	12 seafood
13 drink	14 soup	15 dish	16 order
17 serve	18 dessert	19 salad	20 hungry
21 chef	22 thirsty	23 soup	24 serve
25 dish	26 juice	27 eat out	28 dessert
29 seafood	30 waiting for		

01 바지	02 신발	03 ~을 입다[신다, 쓰다]	
04 ~을 벗다; (비행기가) 이륙하다		05 재킷, 상의	06 치마
07 패션	08 주머니	09 옷, 의복	10 스타일; 방식
11 shirt	12 sweater	13 belt	14 hat
15 socks	16 wear	17 design	18 popular
19 cap	20 gloves	21 cap	22 socks
23 jacket	24 design	25 sweater	26 popular
27 gloves	28 fashion	29 style	30 took off

01 지하철	02 타다, 몰다	03 ~에 타다	04 서두르다
05 오른쪽; 오른쪽의; 오른쪽으로		06 트럭	07 가로질러, 맞은편에
08 막다, 차단하다; 블록, 구역		09 곧은, 똑바른; 똑바로, 곧장	10 멈추다; 정류장
11 airplane	12 drive	13 bike	14 street
15 boat	16 bridge	17 sign	18 corner
19 road	20 left	21 corner	22 block
23 bridge	24 sign	25 Hurry up	26 right
27 airplane	28 across	29 road	30 truck

01 교사, 선생	02 체육관	03 학생	04 방과 후에
05 복도, 홀, 강당	06 도서관	07 가르치다	08 사물함
09 홈룸, 출석 반	10 빌리다	11 test	12 school uniform
13 make friends with	14 contest	15 playground	16 grade
17 learn	18 subject	19 follow	20 cafeteria
21 contest	22 follow	23 grade	24 gym
25 made friends with	26 cafeteria	27 subject	28 library
29 locker	30 after school		

01 숙제, 과제	02 재검토하다, 복습하다	03 휴식을 취하다	04 일어나다
05 틀린, 잘못된	06 어려운	07 연설	08 보고서
09 실패하다; (시험에) 떨어지다		10 결석한, (자리에) 없는	11 study
12 correct	13 lesson	14 write	15 classroom
16 note	17 finish	18 mistake	19 solve
20 diary	21 note	22 solve	23 correct
24 review	25 difficult	26 take a break	27 report
28 absent	29 speech	30 gets up	

01 날짜	02 오늘	03 ~동안[내내], ~ 중에	04 달력
05 내일	06 일찍; 이른	07 주, 일주일	08 달, 월
09 ~에 늦다[지각하다]	10 ~에서, ~부터	11 at the same time	12 minute
13 hour	14 yesterday	15 year	16 tonight
17 until	18 moment	19 soon	20 past
21 from	22 Yesterday	23 hour	24 soon
25 past	26 late for	27 until	28 moment
29 at the same time	30 During		

Day 22

01 한 번 더, 다시	02 마지막의	03 한 번	04 때때로, 가끔
05 ~ 전에	06 항상, 언제나	07 반복하다, 되풀이하다	08 갑자기
09 마지막의; 지난	10 보통, 대개	11 first	12 never
13 step	14 next	15 often	16 after
17 second	18 from time to time	19 all the time	20 third
21 once	22 third	23 next	24 repeat
25 last	26 all the time	27 never	28 sometimes
29 final	30 Suddenly		

Day 23

Daily Check-up

01 깨끗한	02 빨리, 빠르게	03 완벽한	04 밝은, 빛나는
05 무거운	06 빠른; 빨리, 빠르게	07 더러운	08 잠시 동안
09 ~로 가득 차다	10 바쁜	11 poor	12 ready
13 wet	14 sleepy	15 slow	16 safe
17 different	18 terrible	19 dark	20 light
21 sleepy	22 light	23 dark	24 terrible
25 for a while	26 different	27 wet	28 full of
29 quickly	30 safe		

Day 24

Daily Check-up

01 엄청난, 거대한	02 줄, 선	03 두꺼운, 두툼한	04 깊은
05 모양, 형태	06 부분; 일부	07 작은, 소규모의	08 일종의
09 예를 들어	10 좁은	11 wide	12 high
13 large	14 side	15 round	16 type
17 flat	18 object	19 low	20 size
21 thick	22 line	23 side	24 shape
25 kind of	26 flat	27 type	28 part
29 small	30 For example		

Answers 105

01 수, 숫자, 번호	02 (수가) 많은	03 조각, 한 개, 한 장	04 전체의, 합계, 총액
05 반, 절반	06 유일한; 단지, 오직	07 몇몇의, 약간의	08 (양이) 약간의, 조금의
09 (수가) 약간의, 조금의	10 각각[각자]의	11 every / all	12 count
13 fill	14 much	15 all / every	16 empty
17 nothing	18 a lot of	19 enough	20 add
21 half	22 a little / some	23 much	24 count
25 Add	26 nothing	27 Each	28 Fill
29 empty	30 a lot of		

01 남쪽; 남쪽의; 남쪽으로	02 ~ 뒤에	03 밖에(서), 바깥에	04 안에[안으로]
05 중심, 중앙	06 (~보다) 아래에[아래로]	07 동쪽; 동쪽의; 동쪽으로	08 ~ 앞에
09 ~ 옆에, ~ 다음의	10 서쪽; 서쪽의; 서쪽으로	11 north	12 over
13 above	14 between	15 under	16 toward
17 top	18 bottom	19 far	20 around
21 between	22 over	23 bottom	24 center
25 east	26 next to	27 far	28 behind
29 inside	30 in front of		

01 지도	02 배낭	03 신나는, 흥미진진한	04 기억, 추억
05 떠나다, 놓고 가다	06 여행하다; 여행	07 방학	08 산책을 하다
09 ~에 도착하다, ~에 이르다		10 해변, 바닷가	11 trip
12 tourist	13 guide	14 climb	15 tour
16 return	17 adventure	18 pack	19 view
20 arrive	21 return	22 beach	23 guide
24 climb	25 travel	26 take a walk	27 view
28 arrived	29 Tourist	30 packed	

01 스포츠, 운동	02 이기다	03 개최하다; 잡다	04 경기, 시합; 성냥
05 경기장	06 잡다, 받다	07 경주, 경기, 달리기 (시합)	08 최선을 다하다
09 운동하다	10 야구	11 basketball	12 player
13 rule	14 lose	15 soccer	16 practice
17 score	18 possible	19 teamwork	20 cheer
21 stadium	22 catch	23 lose	24 possible
25 practice	26 score	27 sport	28 baseball
29 rule	30 work out		

01 선물; 재능, 재주	02 축제	03 선물	04 회의
05 멋진, 훌륭한	06 상, 상품	07 주말	08 (행사가) 열리다
09 ~할 것이다, ~할 예정이다		10 생일	11 photo
12 guest	13 party	14 firework	15 special
16 fair	17 volunteer	18 interview	19 invite
20 holiday	21 fair	22 prize	23 guest
24 special	25 wonderful	26 invite	27 volunteer
28 take place	29 weekend	30 am going to	

01 수영하다	02 모으다, 수집하다	03 캠핑, 야영	04 낚시
05 게임, 경기	06 자유로운; 무료의	07 읽다	08 옥외[야외]의
09 즐기다, 즐거운 시간을 보내다		10 그리다	11 hobby
12 activity	13 exercise	14 paint	15 dance
16 enjoy	17 take a picture of	18 interesting	19 hiking
20 favorite	21 interesting	22 favorite	23 free
24 activity	25 fun	26 dance	27 fishing
28 collect	29 exercise	30 paint	

01 미술, 예술	02 끝나다	03 무대; 단계	04 역할
05 영화	06 (여자) 배우	07 소설	08 유명한
09 이야기	10 (남자) 배우	11 band	12 painting
13 concert	14 main	15 go to the movies	16 singer
17 music	18 magic	19 ticket	20 artist
21 actress	22 artist	23 role	24 main
25 be over	26 Film	27 go to the movies	28 famous
29 painting	30 concert		

01 사다, 구입하다	02 ~을 입어[신어] 보다	03 낭비하다; 낭비	04 할인; 할인하다
05 (주위를) 둘러보다, 구경하다		06 지불하다	07 값싼, 저렴한
08 가게, 상점	09 판매; 할인 판매	10 선택하다, 고르다	11 mall
12 coupon	13 customer	14 useful	15 item
16 spend	17 sell	18 expensive	19 list
20 price	21 item	22 useful	23 expensive
24 discount	25 pay	26 try on	27 waste
28 list	29 around	30 sell	

01 간호사	02 병원에 가다, 진찰을 받다	03 피곤한, 지친	04 건강
05 감기에 걸리다	06 약, 약물	07 휴식을 취하다, 쉬다	08 고통, 통증
09 기침; 기침하다	10 두통	11 hospital	12 weight
13 advice	14 stomach	15 fever	16 weak
17 sick	18 treat	19 strong	20 hurt
21 medicine	22 relax	23 headache	24 weight
25 stomach	26 fever	27 pain	28 treat
29 health	30 catch a cold		

Daily Check-up

01 풀, 잔디   02 즉시, 곧바로   03 농장, 농원   04 콩

05 ~을 집다; ~을 (차에) 태우러 가다   06 토양, 흙   07 재배하다, 기르다; 자라다

08 과일, 열매   09 나무, 목재; 숲   10 땅, 토양   11 branch

12 field   13 plant   14 vegetable   15 stone

16 tree   17 flower   18 dig   19 leaf

20 water   21 leaf   22 branch   23 water

24 grow   25 right away   26 field   27 wood

28 ground   29 bean   30 picked up

Daily Check-up

01 벌   02 그런데, 그나저나   03 기린   04 알록달록한, 다채로운

05 ~을 찾다   06 쥐, 생쥐   07 사냥하다   08 고래

09 얼룩말   10 뱀   11 chicken   12 sheep

13 tail   14 feed   15 elephant   16 wolf

17 fly   18 animal   19 monkey   20 wild

21 feed   22 Colorful   23 wolf   24 Zebra

25 wild   26 looking for   27 by the way   28 hunt

29 animal   30 chicken

Daily Check-up

01 언덕   02 ~을 보다   03 대양, 바다   04 파도, 물결; 흔들다

05 교대로 하다   06 산   07 자연   08 계곡, 골짜기

09 숲   10 밀림, 정글   11 island   12 pond

13 mystery   14 discover   15 desert   16 river

17 land   18 polar   19 lake   20 cave

21 polar   22 desert   23 jungle   24 discovered

25 take turns   26 Look at   27 land   28 island

29 ocean   30 wave

01 따뜻한	02 처음에	03 여름	04 날씨, 기상
05 하루 종일	06 흐린, 구름 낀	07 계절; 시기, 철	08 (날씨가) 맑은
09 눈이 오다; 눈	10 바람이 많이 부는	11 sunny	12 spring
13 blow	14 forecast	15 rain	16 cool
17 cold	18 winter	19 hot	20 fall
21 blows	22 clear	23 cool	24 windy
25 forecast	26 at first	27 weather	28 snow
29 all day long	30 fall		

01 사건, 행사	02 ~을 요청[요구]하다	03 창조하다, 만들다	04 (TV 등의) 프로그램
05 요즘	06 고향	07 대통령; 회장	08 건물
09 중요한	10 역사	11 law	12 local
13 information	14 traditional	15 luck	16 end
17 start	18 citizen	19 enter	20 project
21 president	22 local	23 information	24 enter
25 building	26 traditional	27 citizen	28 These days
29 hometown	30 law		

01 공기, 대기	02 버리다, 내던지다	03 구하다; 절약하다; 저축하다	
04 (물 위에) 뜨다, 띄우다	05 지구	06 플라스틱	07 보호하다, 지키다
08 유리; 유리잔;안경	09 힘; 동력	10 재활용하다; 재활용	11 reuse
12 trash	13 dangerous	14 environment	15 be worried about
16 sand	17 fire	18 bill	19 rock
20 energy	21 recycle	22 bill	23 fire
24 is worried about	25 plastic	26 dangerous	27 throw away
28 floating	29 Earth	30 glass	

01 돕다; 도움	**02** ~을 믿다	**03** 궁전	**04** 언어, 말
05 전쟁	**06** 온라인의; 온라인으로	**07** 문화	**08** 퍼지다; 퍼뜨리다
09 웹사이트	**10** (웹사이트에) 올리다, 게시하다		**11** chat
12 explore	**13** universe	**14** foreigner	**15** around the world
16 country	**17** human	**18** science	**19** peace
20 actually	**21** foreigner	**22** explore	**23** peace
24 website	**25** post	**26** universe	**27** around the world
28 Actually	**29** spreads	**30** human	

4일 누적 테스트 Day 01~04

01 아기	**02** 이, 치아	**03** 고모, 이모, 숙모	**04** 태어나다
05 나이	**06** 조심하다	**07** 무릎	**08** 소년, 남자아이
09 아이, 어린이	**10** 이웃	**11** 발가락	**12** 남편
13 머리카락, 털	**14** 서로	**15** 눈	**16** 호의, 부탁
17 구성원, 일원	**18** 급우, 반 친구	**19** 파트너, 짝	**20** 형, 오빠, 남동생
21 몸, 신체	**22** 부모	**23** (성인) 여자, 여성	**24** 사촌
25 손가락	**26** 모두, 모든 사람	**27** 친구	**28** 어깨
29 친척	**30** 소녀, 여자아이	**31** 조화, 화합	**32** 아들
33 ~을 놀리다	**34** 별명	**35** 가족	**36** 혼자
37 사랑하는, 소중한	**38** ~와 시간을 보내다, 어울려 놀다	**39** 이름	**40** 손

4일 누적 테스트 Day 05~08

01 어리석은, 멍청한	**02** 영리한, 똑똑한	**03** (소리 내어) 웃다	**04** 쓰다, 사용하다; 사용
05 정직한, 솔직한	**06** 똑똑한, 영리한	**07** 키가 큰, 높은	**08** 놀다
09 ~에서 나가오다; ~에서 내리다	**10** 확인하다, 점검하다	**11** 차분한, 침착한	**12** 노력하다, 애를 쓰다; 시도하다
13 예의 바른, 공손한	**14** 어린, 젊은	**15** 미래	**16** 일하다, 근무하다
17 사랑스러운	**18** 소방관	**19** 떨어뜨리다	**20** 회사; 동료, 일행
21 날씬한, 마른; 얇은, 가는	**22** 뚱뚱한, 살찐	**23** ~이 되다, ~해지다	**24** 시간을 어기지 않고, 제시간에
25 달리다, 뛰다	**26** 지혜로운, 현명한	**27** 기자	**28** 아름다운
29 울다	**30** 늙은, 나이 많은; 오래된	**31** 활동적인	**32** ~처럼 보이다
33 게으른	**34** 나르다; 가지고 다니다	**35** 성격, 기질; 특징; 등장인물	**36** (발로) 차다
37 평범한, 정상적인	**38** 가져오다, 데려오다	**39** 나타나다	**40** 키가 작은, 짧은

4일 누적 테스트 Day 09~12

01 불평하다, 항의하다	**02** 나타내다, 표현하다	**03** 불안해하는, 긴장한	**04** 궁금하다, 궁금해하다
05 ~해 보이다, 보다	**06** 잊다, 잊어버리다	**07** 발상, 생각	**08** 만지다
09 허락하다, 허용하다	**10** 알다, 알고 있다	**11** 설명하다	**12** 맛이 나다; 맛
13 기쁜, 반가운	**14** 신이 난, 흥분한	**15** 걱정하다	**16** 알리다, 말하다
17 바라다, 희망하다; 희망	**18** 보다	**19** 날카로운, 뾰족한	**20** 속상한, 화난
21 ~하고 싶다	**22** 같은, 동일한	**23** 의미하다	**24** (소리가) 큰, 시끄러운
25 ~에게 안부를 전하다, ~에게 인사하다	**26** 메시지, 전갈	**27** 놀란, 놀라는	**28** 슬픈
29 달콤한, 단	**30** 계획; 계획하다	**31** 시끄럽게 하다, 소란을 피우다	**32** 무서워하는, 겁내는
33 그리워하다; 놓치다	**34** 용서하다; 양해를 구하다	**35** 결정하다, 결심하다	**36** 묻다, 질문하다
37 말하다, 이야기하다	**38** 기쁜, 만족해하는	**39** 마음, 정신	**40** ~을 자랑스러워하다

01 쌀, 밥   **02** ~와 같은   **03** 컵, 잔   **04** 우산
05 마시다   **06** 요리사, 주방장   **07** (소)도시, 마을   **08** 냉장고
09 문, 출입구   **10** 주소   **11** 간단한 식사, 간식   **12** ~을 끄다
13 붓다, 따르다   **14** 동물원   **15** 공원   **16** 계단
17 메뉴, 식단표   **18** 디저트, 후식   **19** 미술관, 화랑   **20** 극장
21 공항   **22** 접시; 요리   **23** 침실   **24** 열다; 열린
25 은행   **26** (음식을) 제공하다, 차려 내다   **27** 주스, 즙   **28** 섞다, 혼합하다
29 요리법, 레시피   **30** 얼다, 얼리다   **31** 칼   **32** 신선한, 상쾌한
33 거실   **34** ~에 잠시 들르다   **35** 굽다   **36** 배고픈
37 아주 맛있는   **38** 시장   **39** 녹다, 녹이다   **40** 목이 마른

01 모퉁이, 구석   **02** 표지판; 서명하다   **03** 스웨터   **04** 멈추다; 정류장
05 재킷, 상의   **06** 자전거   **07** 일기   **08** 재검토하다, 복습하다
09 입다, 쓰다, 신다   **10** 사물함   **11** 공부하다   **12** 도서관
13 디자인[설계]하다; 디자인, 설계   **14** 가로질러, 맞은편에   **15** ~을 벗다; (비행기가) 이륙하다   **16** 막다, 차단하다; 블록, 구역
17 운전하다   **18** 거리, 도로   **19** 왼쪽; 왼쪽의; 왼쪽으로   **20** 보고서
21 비행기   **22** ~에 타다   **23** 교복   **24** 체육관
25 인기 있는, 대중적인   **26** 학생   **27** 타다, 몰다   **28** 도로, 길
29 곧은, 똑바른; 똑바로, 곧장   **30** 성적; 학년   **31** 수업; (교재의) 과; 교훈   **32** 신발
33 시험; 검사, 실험   **34** 벨트, 허리띠   **35** 서두르다   **36** 가르치다
37 끝내다, 끝나다   **38** 운동장, 놀이터   **39** 과목   **40** 틀린, 잘못된

01 어두운, 캄캄한   **02** 가끔, 때때로   **03** 종류, 유형   **04** 한 번 더, 다시
05 단계; 걸음   **06** 첫 번째의   **07** ~ 후에[뒤에]   **08** 곧, 머지않아
09 높은   **10** 졸린, 졸음이 오는   **11** 물체, 물건   **12** 넓은
13 다른   **14** 한 번   **15** 두꺼운, 두툼한   **16** (크기·양·정도가) 엄청난, 거대한
17 (시간 단위) 분   **18** 날짜   **19** 과거, 지난날   **20** (규모가) 큰, 넓은
21 내일   **22** 깊은   **23** 항상, 줄곧, 내내   **24** 줄, 선
25 세 번째의   **26** 안전한   **27** 둥근, 동그란   **28** 일종의
29 마지막의; 지난   **30** 동시에   **31** 갑자기   **32** 깨끗한
33 시간, 시각   **34** 빨리, 빠르게   **35** 두 번째의   **36** 부분; 일부
37 ~ 전에   **38** 평평한, 납작한   **39** 모양, 형태   **40** 크기; 치수

01 협동 작업, 팀워크	02 (양이) 약간의, 조금의	03 기억, 추억	04 밖에(서), 바깥에
05 득점, 점수	06 ~ 위에[위로]	07 떠나다, 놓고 가다	08 경기장
09 동쪽; 동쪽의; 동쪽으로	10 돌아오다	11 (수가) 약간의, 조금의	12 환호[응원]하다, 격려하다
13 여행	14 짐을 싸다, 챙기다	15 빈, 비어 있는	16 스포츠, 운동
17 (수, 양이) 많은	18 ~ 주위[둘레]에	19 축구	20 개최하다; 잡다
21 중심, 중앙	22 배낭	23 ~ 앞에	24 가능한
25 이기다	26 안에[안으로]	27 채우다	28 신나는, 흥미진진한
29 모험	30 (수를) 세다	31 반, 절반	32 충분한, 충분히
33 방학	34 야구	35 연습하다	36 여행하다; 여행
37 ~ 아래에	38 (양이) 많은	39 (~보다) 위에[위로]	40 남쪽; 남쪽의; 남쪽으로

01 회의	02 모으다, 수집하다	03 사진	04 (물감으로 그린) 그림
05 영화	06 그리다	07 악단, 밴드	08 비싼
09 (행사가) 열리다	10 ~을 입어[신어] 보다	11 마법, 마술; 마법[마술]의	12 끝나다
13 값, 가격	14 초대하다	15 선물; 재능, 재주	16 음악
17 유명한	18 마음에 드는, 가장 좋아하는	19 주된	20 값싼, 저렴한
21 (주위를) 둘러보다, 구경하다	22 이야기	23 ~의 사진을 찍다	24 인터뷰, 면접; 인터뷰하다
25 (여자) 배우	26 상, 상품	27 선택하다, 고르다	28 취미
29 손님, 고객	30 낭비하다; 낭비	31 무대; 단계	32 폭죽; 불꽃놀이
33 판매; 할인 판매	34 물품, 품목	35 칠하다, 그리다; 물감	36 손님, 하객
37 쇼핑몰, 쇼핑센터	38 (돈을) 쓰다, 소비하다	39 축제	40 활동

01 채소	02 치료하다; 다루다, 대하다	03 육지, 땅	04 열
05 무게, 체중	06 ~을 보다	07 나무	08 언덕
09 강	10 두통	11 감기에 걸리다	12 얼룩말
13 재배하다, 기르다; 자라다	14 피곤한, 지친	15 사막	16 파도, 물결; 흔들다
17 풀, 잔디	18 위, 배	19 호수	20 발견하다
21 즉시, 곧바로	22 고통, 통증	23 다치게 하다; 아프다	24 자연
25 기린	26 병원	27 약한, 힘이 없는	28 섬
29 휴식을 취하다, 쉬다	30 연못	31 고래	32 물; 물을 주다
33 동굴	34 계곡, 골짜기	35 원숭이	36 들판, 밭; 현장; 경기장
37 밀림, 정글	38 산	39 양	40 건강

01 창조하다, 만들다	**02** 웹사이트	**03** 청구서, 계산서; 지폐	**04** 사실은; 실제로
05 들어가다; 참가하다	**06** 대통령; 회장	**07** 재사용하다; 재사용	**08** 날씨, 기상
09 언어, 말	**10** 행운, 운	**11** 계절; 시기, 철	**12** 우주
13 환경	**14** 유리; 유리잔;안경	**15** 끝나다; 끝, 결말	**16** 공기, 대기
17 화창한	**18** 처음에	**19** 보호하다, 지키다	**20** 비가 오다; 비
21 전쟁	**22** 문화	**23** 사건, 행사	**24** 구하다; 절약하다; 저축하다
25 위험한	**26** 돕다; 도움	**27** 지구	**28** 바람이 많이 부는
29 힘; 동력	**30** (날씨가) 맑은	**31** ~을 요청[요구]하다	**32** 흐린, 구름 낀
33 (바람이) 불다	**34** 겨울	**35** 전 세계에	**36** ~에 대해 걱정하다
37 법	**38** 계획; 연구 과제	**39** 외국인	**40** 온라인의; 온라인으로

MEMO